Début d'une série de documents
en couleur

LES INSTITUTIONS PRIVÉES

ET LES SOCIÉTÉS

D'ÉCONOMIE, D'ÉPARGNE OU DE CRÉDIT

A LIMOGES

PAR

M. LOUIS GUIBERT

(Extrait de la *Réforme Sociale*)

PARIS

AU SECRÉTARIAT DE LA SOCIÉTÉ D'ÉCONOMIE SOCIALE

174, BOULEVARD SAINT-GERMAIN, 174

1891

Fin d'une série de documents
en couleur

LES INSTITUTIONS PRIVÉES

ET LES SOCIÉTÉS D'ÉCONOMIE, D'ÉPARGNE OU DE CRÉDIT A LIMOGES

La prévoyance, qui est une des manifestations les plus remarquables de la raison, joue un rôle capital dans la vie des hommes et dans le fonctionnement des sociétés. Sous ses deux formes les plus ordinaires : l'économie, qui règle et modère l'emploi des forces physiques et morales comme celui des ressources extérieures à la disposition de l'individu ou du groupe ; l'épargne, qui met en réserve une portion de ces ressources et ménage ces forces pour les besoins de l'avenir, la pratique de la prévoyance constitue un des éléments les plus solides, des facteurs les plus puissants de la prospérité de l'individu, de la famille, de la nation. Elle est en même temps, de leur moralité, une des meilleures et des plus sûres garanties.

Un père de famille insouciant de l'avenir se montre indigne du rôle qu'il a osé réclamer dans la société humaine. Un gouvernement imprévoyant manque au plus essentiel de ses devoirs. L'un et l'autre imposeront à la collectivité dont la Providence leur a confié la conduite des charges de toute espèce, qui pourront grever plusieurs générations et mettre celles-ci dans un état d'infériorité relativement à d'autres familles, à d'autres états mieux dirigés, mieux administrés.

Il faut donc recommander et exciter la sollicitude de l'avenir dans l'esprit de tous ceux qui nous entourent, encourager parmi eux l'économie, faciliter l'épargne de toutes les manières. Il faut également dénoncer l'imprévoyance partout où nous la rencontrons, dans les affaires publiques comme dans la gestion des intérêts privés. C'est faire œuvre de haute raison et de véritable charité chrétienne ; c'est en même temps remplir un grand devoir social. Quoi que nous fassions, sachons-le d'avance, « il y aura toujours des pauvres parmi nous, » et à l'individu comme à la société s'imposera l'obligation de les assister. On continuera à entretenir des hôpitaux, des bureaux de bienfaisance, des asiles, des crèches,

1

des dispensaires ; mais il est possible, en propageant les idées
d'économie et d'épargne, d'enrayer les progrès croissants du pau-
périsme, qui nous poussent irrésistiblement sur la pente du socia-
lisme d'État. On peut même espérer qu'on réussira à diminuer.
dans une assez forte proportion, le nombre des personnes obligées
de recourir à l'assistance, privée ou publique : on assurera par là
aux infortunés qui demeureront à sa charge une aide plus efficace
et plus complète.

I. — LES INSTITUTIONS DE CHARITÉ ET DE PRÉVOYANCE A LIMOGES.

Le caractère et le tempérament d'une population se révèlent et
s'affirment en toutes choses. On les retrouve dans ses « bonnes
œuvres » comme dans toutes les autres manifestations de son
esprit ou de son activité. Les habitants du Limousin, ceux de Limoges en particulier, sont laborieux, patients, économes; ils sont
aussi charitables, et les monuments de leur charité dans le passé
ne méritent pas moins l'attention que les produits de leur industrie. Toutefois on ne trouve nulle part, dans leurs fondations charitables, l'ardeur, l'enthousiasme, la fougue généreuse, l'initiative
hardie, l'ingéniosité que souvent on observe ailleurs. Notre pays a
vu naître à plusieurs époques de grands hommes de bien ; mais
aucun d'eux ne fut, à dire vrai, une physionomie originale. Tous
nous apparaissent comme des vulgarisateurs en quelque sorte, non
comme des créateurs : ils se sont bornés à transplanter en Limousin des œuvres écloses dans d'autres provinces, et à imiter chez
nous, parfois avec un zèle infatigable et un dévouement au-dessus
de tout éloge, ce qu'ils avaient vu faire ailleurs.

Il en a été, pour les institutions d'économie et d'épargne, comme
pour les œuvres de charité. Limoges ne peut revendiquer l'honneur
d'avoir imaginé ou adopté avant toute autre ville aucune des
formes ingénieuses que l'esprit de prévoyance a su revêtir. Nous
n'avons connu ni les fécondes initiatives de Mulhouse ni les efforts
généreux de Lyon, de Reims, d'autres centres industriels où le
sentiment chrétien et les sollicitudes philanthropiques qui s'en
inspirent, parfois à leur insu, ont créé tant de merveilles. C'est
même avec un médiocre empressement que nous avons suivi ces
admirables exemples et nous sommes aujourd'hui encore, sous le

rapport des institutions de prévoyance, dans un état d'infériorité réelle, comparativement à beaucoup de centres moins importants et moins populeux.

Ce n'est pas à la froideur de notre tempérament et à la lenteur de notre esprit seules qu'il faut attribuer cette infériorité : elle résulte aussi en grande partie des conditions dans lesquelles s'est développée l'industrie à Limoges. En général, les institutions fondées au profit des ouvriers sont dues à l'initiative de quelques chefs de grands établissements, pénétrés à un haut degré du sentiment de la responsabilité morale et sociale que créent au patron sa situation et les devoirs qui en découlent. Or, la grande industrie est presque nouvelle à Limoges. Nos fabriques de chaussures et de galoches un peu importantes ne datent que de quelques années. Les filatures et les tissages, qui disparaissent peu à peu, étaient pour la plupart installés à la campagne et une partie de leur personnel s'occupait à la culture en même temps qu'au travail industriel. Il en est ainsi des usines à papier et de l'industrie métallurgique (dont les principaux représentants dans le département de la Haute-Vienne, MM. Bouillon frères, s'étaient du reste attachés à résoudre, il y a trente ans déjà, le problème du logement des ouvriers et avaient mérité un des prix de l'ordre spécial de récompenses établi sous l'inspiration de Le Play à l'Exposition universelle de 1867). Les fabriques les plus importantes de notre ville, ses manufactures de porcelaine, n'ont eu, jusqu'à ces derniers temps, ni outillage mécanique d'une grande valeur, ni, pour la plupart du moins, très nombreux personnel. Un capital médiocre suffisait à les créer et à les mettre en mouvement. — Ce n'est pas, on le sait, au petit industriel que s'imposent les sollicitudes dont nous parlions tout à l'heure : ses vues et ses idées sont le plus souvent étroites comme l'aménagement de sa maison et l'horizon de ses affaires : il est absorbé par les détails auxquels il a dû se réserver de pourvoir lui-même. D'autre part le besoin d'institutions spéciales se fait peu sentir dans un milieu semblable, où le patron se trouve en contact permanent avec l'ouvrier, que tous les jours il lui est donné de voir, d'encourager, de conseiller et de secourir.

Ces institutions ont pu longtemps paraître d'autant moins indispensables chez nous que les convictions religieuses gardaient leur puissance ; les familles demeuraient unies, les mœurs conservaient une grande simplicité ; on retrouvait dans les rapports entre les diverses classes une cordialité remarquable et dans le petit établissement industriel quelques-unes des bonnes coutumes de l'atelier domestique d'autrefois. Les ouvriers, presque tous originaires de la ville ou des environs, ne souffraient point de l'isolement. Il faut dire aussi que les idées d'épargne, si fortement enracinées dans l'esprit limousin, n'étaient pas encore ébranlées par les tentations multipliées du cabaret, par ce besoin fiévreux de plaisirs frivoles et d'incessantes distractions, devenu le dissolvant le plus actif de la famille et considéré par tous les hommes sérieux comme un grand péril économique et social.

Aussi avons-nous connu une époque, peu éloignée de nous, où les ouvriers de nos trente manufactures de porcelaines, de nos cinquante ou soixante ateliers de décor, sans parler de nos établissements de tannerie, de tissage, d'imprimerie et de saboterie, etc., n'avaient à leur disposition, en dehors de la caisse d'épargne et des sociétés de secours mutuels, aucune institution de prévoyance. Il n'en est plus de même aujourd'hui : outre les associations dont nous parlerons plus loin (§§ V et VI), il existe dans un certain nombre de nos fabriques des caisses spéciales, alimentées par les cotisations des ouvriers et les subventions du patron, qui pour le présent rendent des services appréciés au travailleur, et qui ne peuvent manquer de prendre, dans un avenir prochain, une importance en rapport avec celle de la ville et avec les besoins de notre laborieuse population.

Mais avant d'étudier les divers systèmes adoptés dans plusieurs de nos grands établissements d'industrie, nous devons dire un mot de la Caisse d'Épargne de Limoges, qui, dans l'ensemble de nos institutions de prévoyance, représente l'organisme officiel, et fournit en quelque sorte le type administratif.

Ce n'est point, pourtant, à la sollicitude gouvernementale ou administrative qu'elle dut sa création. Quelques bons citoyens, soucieux de faciliter l'épargne aux travailleurs, conçurent en 1834 le projet de doter Limoges d'une institution dont l'expérience d'un certain nombre de villes avait suffisamment démontré l'utilité et les effets moralisateurs. Ils réussirent à intéresser l'administration municipale à leur entreprise, et dès l'année suivante la Caisse d'Épargne était ouverte.

Les résultats des premières années furent des plus modestes ; néanmoins dès 1845 on comptait 1,552 déposants pour une population de 38,119 âmes (nous prenons ici non la population agglomérée, mais le total des habitants de la commune, la banlieue fournissant un assez grand nombre de dépôts) et le crédit de ces déposants ne s'élevait pas à moins de 676,651 fr. 48.

Les événements de 1848 arrêtèrent brusquement les progrès de l'épargne. Sur 1,693 livrets existant au 31 décembre 1847, 1,506 furent soldés dans les premiers mois de l'année suivante, et de 717,000 fr., l'avoir des déposants tomba à 122,000 fr. La crise fut de courte durée ; toutefois en 1852 seulement le chiffre des économies confiées en 1847 à la Caisse d'Épargne par sa clientèle fut atteint de nouveau et bientôt dépassé : la statistique de l'établissement accuse, au 31 décembre 1852, 2,236 livrets existants; 2,648 en 1855; 3,411 en 1860 (après une légère diminution en 1856 et 1857); 4,928 en 1865; 6,028 en 1870. En 1871, ce chiffre fléchit et tomba à 5,876; mais il se releva presque aussitôt. Dès 1875 il atteignait 7,040; en 1877, il était de 8,517 ; en 1878, de 9,507; en 1879, de 10,898; en 1880, de 12,030; en 1885, de 13,646; en 1886, de 15,652; en 1887, de 15,424; en 1888, de 15,602.

La progression rapide qui marque la période de 1872 à 1885 ne s'explique pas seulement par l'accroissement de la population de la commune, qui, de 51,053 en 1861, s'est élevée en 1866 à 53,022; en 1875, à 59,811 et en 1886, à 68,477. La commune seule ne fournit plus son épargne (1). Une partie du département de la Haute-Vienne vient lui apporter son contingent, assez restreint, il est vrai, et représenté surtout par les versements des caisses scolaires.

Le solde dû aux déposants, de 909,809 (représentant une moyenne d'un peu plus de 586 francs par dépôt) en 1855, s'éleva : en 1860, à 1,188,320 ; en 1865, à 1,743,678 (environ 354 francs pour chaque déposant). De 2,323,609 (376 francs par déposant) au 31 décembre 1869, il tomba à 2,103,179 à la fin de 1870 (moyenne : 348 francs) ; à 1,907,008 à la fin de 1871, et à 1,881,508 (moyenne (315 francs) à la fin de 1872 (2). C'était une diminution bien insignifiante, comparée au brusque affaissement que provoqua la crise de 1848. Grâce à la reprise du travail, on vit, du reste, dès 1873,

(1) De tout temps, la caisse a reçu des dépôts de personnes habitant hors de la commune; mais ces dépôts ont toujours été peu importants.

(2) La moyenne des retraits-soldes des deux années 1870-1871 réunies n'est pas sensiblement supérieure à la moyenne des trois années qui précèdent, mais la moyenne des livrets ouverts au cours de ces deux années représente à peine 57 % de la moyenne des quatre années antérieures.

l'avoir des déposants se relever; il atteignait 2,125,467 (moyenne 324 francs) au 13 décembre 1874; 2.375,035 en 1875; 3,497,687 (moyenne 368 francs) en 1878; 4,179,405 (moyenne 345 francs) au 31 décembre 1880. Après avoir suivi une progression rapide, augmenté notamment de près d'un million au cours de la seule année 1882, il s'élevait, en 1885, à 7,034,787 (moyenne 449 francs) et, après une période d'accroissement plus lent, à 7,452,250,49 (moyenne 477 francs) au 31 décembre 1888.

Les renseignements statistiques que possède la caisse sur l'importance de l'avoir respectif de chaque déposant, sont bien incomplets pour la période antérieure à 1860. A cette date, les livrets au-dessus de 500 francs forment environ le tiers du nombre total des comptes; cette proportion se maintient à peu près la même depuis trente ans. En 1888, le nombre des versements de 101 à 200 francs représentait près du tiers des versements de l'année. Le nombre des versements de 20 francs et au-dessous ne dépassait pas le cinquième. Si on considère que la caisse reçoit les dépôts d'un grand nombre d'écoles, on pourra s'étonner de l'état de choses signalé par la statistique; il est fort différent de ce qui existait il y a quarante ans, et il y a vingt ans encore. Évidemment les caisses d'épargne tendent à devenir une sorte de banque de dépôt.

Les remboursements de 21 à 100 francs sont les plus fréquents; ils représentent plus de 44 % du nombre des retraits; les remboursements de 101 à 200, un peu plus de 13 %; ceux de 201 à 500 francs 16 %; ceux de 20 francs et au-dessous à peine 10 %.

Si maintenant nous considérons l'état civil et la profession des déposants, nous voyons que, dans les dernières années, les enfants mineurs fournissent le grand nombre des versements; ils forment 34 % des déposants; les employés, un peu plus de 6 %; les domestiques, 12 %; les journaliers et ouvriers agricoles, 9 %; les ouvriers d'industrie, 19 %. Les femmes représentent les 3/4 des déposants domestiques, 1/4 seulement des déposants ouvriers d'industrie.

II. — ŒUVRES PATRONALES : CAISSES DE SECOURS ET D'ÉCONOMIE.

La plus ancienne institution créée à Limoges par un patron en faveur des ouvriers attachés à son établissement, est la caisse de secours de la manufacture de porcelaines Haviland et Cⁱᵉ. Fondée le 14 août 1870, dans le but de venir en aide aux associés qu'atteindraient des maladies ou des accidents, cette caisse est alimentée par une retenue de 1 %, sur les salaires. Les patrons versent une somme égale à celle produite par ce prélèvement. Le fonds ainsi constitué est administré par une commission prise parmi les ouvriers, mais ceux-ci doivent se conformer à un règlement arrêté entre eux et les chefs de la maison. Ce règlement ne peut être modifié que d'un commun accord. Dans chaque atelier un délégué, choisi par les ouvriers, est chargé des détails de l'administration et sert en quelque sorte d'intermédiaire entre la caisse et ses camarades. Les malades ou les victimes d'accidents reçoivent gratuitement les soins d'un médecin et tout ou partie de leur salaire. La femme en couches touche, avec sa paye de l'atelier, une indemnité de layette et, pour l'obliger à prendre un repos indispensable, on ne la reçoit à la fabrique que quinze jours après l'accouchement.

Le droit à l'assistance de la caisse est maintenu à l'ouvrier même après sa sortie de la maison et pendant trois mois à dater du jour de cette sortie.

En 1872, MM. Haviland ayant pu constater le succès de léur première fondation, communiquèrent à leurs ouvriers le projet d'une *Caisse d'Économie* qu'ils étaient disposés à subventionner. Voici, en substance, le programme des opérations de cette caisse, telles que les déterminent des statuts adoptés à la suite d'une fort curieuse et fort instructive correspondance échangée entre MM. Haviland et la Chambre syndicale des ouvriers porcelainiers, hostile au projet des patrons (1) :

Il est créé une Caisse d'Épargne, spéciale au personnel de la maison et où, chaque jour de paye, tout ouvrier ou ouvrière peut verser jusqu'à 20 %, de ce qu'il aura touché. Le chef d'atelier reçoit le dépôt, l'inscrit aussitôt sur le livret du déposant et le transmet à l'agence centrale avec les autres versements de l'atelier. La maison administre la caisse à ses frais et sous sa responsabilité : ell achète sur-le-champ, avec le produit des versements de chaque paye, des obligations de chemin de fer ou des rentes sur l'État, au porteur, dont les intérêts sont partagés, à la fin de chaque semestre, entre les déposants, proportionnellement aux dépôts effectués par chacun pendant le semestre; les revenus des valeurs achetées

____

(1) Cette correspondance a été imprimée avec les statuts de la Caisse d'Économie, Limoges, Chapoulaud frères, 1872, in-8°, 64 pages.

pour le compte commun, antérieurement au semestre, sont répartis proportionnellement à l'avoir de chacun. Tout déposant peut donner ordre d'employer son avoir à l'achat de valeurs spéciales, à son nom. Il a, à toute époque, la faculté de retirer tout ou partie de ses dépôts moyennant un simple avis donné huit jours à l'avance. Alors même qu'il quitte la maison, il conserve le droit d'effectuer des versements, aux mêmes conditions que les ouvriers de l'établissement, et continue à participer aux subventions dont il sera parlé plus bas. Nous ne saurions trop louer cette disposition vraiment libérale et qui atteste le but philanthropique poursuivi par les patrons.

La maison Haviland alloue chaque année une subvention à la Caisse d'Économie. Cette allocation, qui s'est élevée au tiers des versements pour les premières années, est maintenant fixée au cinquième, sans toutefois pouvoir dépasser un maximum déterminé. Elle est partagée en un certain nombre de lots variant du tiers au cinquième du nombre des déposants. Ces lots sont tirés au sort entre ceux des ouvriers dont les versements représentent 5 % au moins de leur salaire durant l'année ou de leur salaire total depuis l'ouverture de leur livret, et qui ne sont sous le coup d'aucune saisie ou poursuite pour dette.

Le montant des lots est porté au crédit des gagnants sur un compte spécial et employé à l'acquisition d'une valeur de leur choix; mais le lot ne leur appartient définitivement et ne peut leur être payé que lorsque les titulaires ont économisé, au moyen de leurs versements successifs à la caisse et des intérêts de ces versements, une somme déterminée. Cette somme est graduée en raison de l'importance du salaire de chacun.

Un conseil de surveillance, composé de cinq membres élus par les déposants, contrôle le fonctionnement de la caisse et désigne chaque mois les valeurs à l'achat desquelles seront employés les fonds. Tout ce qui est relatif à la répartition de la subvention patronale et aux diverses questions et difficultés qu'elle peut soulever est réglé par des délégués élus à raison d'un par quinze déposants ayant versé durant l'année 5 % au moins de leurs salaires.

On voit que le patron laisse, dans la limite des statuts élaborés lors de l'établissement de la caisse et modifiables seulement par l'accord de la maison et des deux tiers des déposants, la plus complète indépendance aux ouvriers pour la gestion de leurs affaires.

Il ne se montre nulle part; et en réalité il n'intervient pas. C'est aux intéressés qu'il laisse le soin, une fois certains principes posés et certaines règles admises, de surveiller et d'administrer leur petite fortune. Il est leur caissier responsable : voilà tout. MM. Haviland connaissent nos ouvriers : ils savent à quel point ceux-ci appréhendent l'ingérence patronale dans les œuvres de prévoyance dont les bienfaits leur sont le mieux connus, et combien ils se montrent, aussitôt qu'elle apparaît, méfiants, ombrageux, parfois injustes.

La manufacture W. Guérin et Cie possède, elle aussi, une *Caisse de Secours*, dont l'organisation diffère peu de celle de la caisse de la maison Haviland. Ici, comme là, la subvention du patron est égale au montant des versements des ouvriers; mais ces versements ne représentent que 0 fr. 35 % des salaires. La différence capitale des deux organisations consiste dans la gestion des fonds et dans la distribution des secours, que M. Guérin s'est réservées sans nulle ingérence des participants. Cette caisse fonctionne depuis huit ans.

Ajoutons que, dans la maison Guérin, comme dans la manufacture Haviland, du reste, un certain nombre d'employés et d'ouvriers d'élite reçoivent, sous forme de gratification annuelle, une part dans les bénéfices de l'établissement. Mais il n'y a là qu'une bonne coutume, qu'une pratique inspirée par le sentiment de la justice et de la solidarité entre le patron et ses collaborateurs : ni l'une ni l'autre maison n'ont pris vis-à-vis de ces employés et ouvriers aucun engagement précis : le taux de la participation est fixé par les patrons seuls.

MM. Gérard, Dufraisseix et Morel ont, depuis trois ou quatre ans, créé une *Caisse d'Épargne* au profit de leurs employés et ouvriers. Les versements sont reçus jusqu'au moment où le crédit du déposant a atteint *cinq cents francs*. On lui achète alors une obligation nominative de chemin de fer ou du Crédit foncier, que la caisse garde en dépôt, si l'ouvrier le désire. S'il ne lui convient pas d'employer ses économies à un placement de cette nature, son petit capital lui est remboursé ; mais il peut aussitôt en reverser à la caisse une partie, afin de conserver son livret. La caisse paye aux déposants un intérêt minimum de 5 %. Suivant la prospérité des affaires et les résultats de l'inventaire annuel, cet intérêt est porté par les patrons à 6, 7, 8, 10 %. Ici encore nous retrouvons la participation aux bénéfices : elle est appliquée chez MM. Gérard et Cie sous la forme d'une prime proportionnelle à l'épargne.

Chaque année, au mois de juillet, une loterie, dont MM. Gérard, Dufraisseix et Morel font les frais, est tirée au profit de tous les déposants qui ont effectué trois versements au moins dans le cours de l'année. Les lots sont nombreux, inférieurs toutefois de vingt ou trente au nombre des participants, de façon à ce qu'il y ait quelques numéros non gagnants, mais fort peu : tout juste ce qu'il faut pour faire valoir aux yeux des heureux leur bonne fortune. Les lots varient de 5 à 100 francs.

Les chefs de la même maison ont récemment établi un service de consultations gratuites hebdomadaires qui a déjà produit les meilleurs résultats. Chaque dimanche, dans la matinée, un médecin de la ville se tient une heure ou deux dans une pièce spéciale de la fabrique, à la disposition du personnel. Non seulement tous les individus, hommes, femmes et enfants, employés dans la maison, mais les femmes des ouvriers, les maris des ouvrières, leurs enfants sont admis. C'est surtout pour ces derniers que les consultations dont il [s'agit sont précieuses, et c'est tout spécialement pour eux, du reste, qu'elles ont été créées, en vue de prévenir, d'atténuer ou de corriger les petites infirmités, les fâcheuses dispositions si fréquentes parmi les enfants du peuple et résultant soit d'un vice du sang, soit du défaut des soins nécessaires dans le premier âge, d'une alimentation insuffisante ou de mauvaises conditions hygiéniques. Le prix des médicaments prescrits aux enfants est en totalité à la charge de MM. Gérard, Dufraisseix et Morel; ils contribuent pour moitié au payement de ceux fournis aux adultes.

Les manufactures de porcelaines ne sont pas les seuls établissements industriels de notre ville qui possèdent des institutions de prévoyance. Il en existe dans un certain nombre de maisons importantes vouées à la fabrication d'autres produits : les plus communes sont des caisses de secours, tantôt facultatives, tantôt obligatoires, mais presque partout administrées par les ouvriers sans l'intervention du patron.

Celle de la grande imprimerie militaire, fondée par M. Henri Charles-Lavauzelle, est administrée par une commission de cinq membres, élus : trois par les typographes, un par les imprimeurs et un par les relieurs. Elle s'alimente par un prélèvement hebdomadaire de 25 centimes sur le salaire des ouvriers, de 10 centimes sur le salaire des femmes et des apprentis gagnant plus de 1 franc par jour, et de 5 centimes sur celui des autres apprentis. L'indemnité payée au sociétaire, en cas de maladie, est réglée suivant celle de ces trois catégories à laquelle il appartient : elle est respectivement de 1 fr. 25, 0 fr. 50 ou 0 fr. 25. Ce secours n'est dû que si l'incapacité de travail excède une durée de trois jours. Il ne peut être payé, en principe, que pendant quatre-vingt-dix jours. En règle générale, la caisse ne supporte ni les frais des visites du médecin ni ceux de la fourniture des remèdes; la commission peut toutefois, si la caisse possède une avance de 1,000 francs, décider que ces dépenses seront à sa charge.

Le patron subventionne cette caisse qui, en outre, a reçu des dons assez importants d'industriels et de commerçants en relations d'affaires avec la maison.

Dans la fabrique de galoches de MM. Fougeras frères, le prélèvement pour la caisse de prévoyance est de 0 fr. 25 par quinzaine, et le montant du secours alloué au sociétaire malade est de 1 franc par jour. Les patrons concourent à la dotation de l'œuvre par le versement d'une cotisation annuelle variable. Là encore la caisse est exclusivement gérée par les ouvriers, qui ont un comptable spécial de leur choix, et qui désignent des administrateurs pris dans les divers ateliers, afin qu'autant que possible chaque groupe de travailleurs ait son représentant au sein de la commission.

III. — Œuvres catholiques, corporations et banques populaires.

Le réveil de l'initiative catholique qui a suivi les événements de 1870-71 s'est surtout manifesté dans notre ville par la création de cercles d'ouvriers, œuvre de patronage et de moralisation fort efficace assurément, mais qui ne saurait être classée parmi les institutions d'économie ou d'épargne. Les essais de rétablissement de corporations qui ont été tentés jusqu'ici à Limoges, se sont produits dans un cadre assez peu défini. Les caractères de la confrérie pieuse y sont plus aisément reconnaissables que ceux du groupe professionnel uni par la solidarité des intérêts et les rapports quotidiens d'un travail commun. Cette tentative de groupement est trop récente et l'organisation de ces associations trop rudimentaire jusqu'ici pour qu'il soit possible d'en apprécier encore les résultats.

Il existait jadis à Limoges, en dehors des confréries corporatives, un très grand nombre d'associations pieuses ou charitables dont les membres s'assistaient les uns les autres en cas de besoin : les statuts de ces groupes ne renfermaient pas tous de disposition relative aux secours matériels; mais ceux-ci étaient dans les mœurs et on les considérait comme un corollaire de l'assistance morale et religieuse dont tous les règlements faisaient aux associés une obligation expresse. Beaucoup de ces confréries disparurent à la Révolution; un certain nombre se reconstituèrent lors du rétablissement du culte. Les plus intéressantes et les plus nombreuses étaient celles des *Pénitents*, auxquelles nous avons consacré une étude spéciale(1).

Ces sociétés sont presque toutes tombées aujourd'hui. Les nombreuses confréries de dévotion qui existent dans notre ville ont des allures toutes différentes, répondent à une autre organisation sociale et à une tout autre direction du clergé. Elles n'ont ni l'indépendance de nos anciennes confréries, ni leur esprit d'initiative, ni leur activité, ni surtout — et c'est ce qu'il faut regretter — leur cohésion et leur vif sentiment de solidarité. Plus de lieu spécial de réunion devenu en quelque sorte la propriété de la compagnie; plus de manifestations publiques; plus de banquets. En dehors des cérémonies religieuses, il n'y a pour ainsi dire plus de lien entre les associés.

Parmi les œuvres créées au cours de ces dernières années sous l'influence du mouvement catholique, une seule rentre dans la catégorie des institutions auxquelles est consacrée cette notice: c'est la Banque Populaire de Limoges, fondée le 19 mars 1882, dans le but de faciliter le crédit aux petits patrons et aux ouvriers, et de créer une œuvre de rapprochement et de charité sur le modèle d'autres banques installées par le P. Ludovic de Besse.

Établie sous la forme d'une société anonyme à capital variable, la Banque Populaire était avant tout une œuvre de patronage, organisée non par des patrons industriels, mais, qu'on nous passe le mot, par des patrons sociaux. Comme dans toutes les autres institutions émanant de l'initiative des comités catholiques, on trouvait, à son début, un groupe de fondateurs, hommes dévoués n'ayant qu'un intérêt d'ordre moral et religieux au succès de l'entreprise, mais s'y donnant tout entiers.

Ces fondateurs firent un appel à la petite épargne pour alimenter leur caisse. Ils demandaient aux travailleurs qui voudraient devenir les clients de la banque, de souscrire une action de 50 francs et leur garantissaient le payement d'un intérêt régulier de 4 %.

____

(1) *Les Confréries de Pénitents en France, et notamment dans le diocèse de Limoges*; Limoges. Vvo Ducourtioux, 1879. In-8°.

Les actionnaires étaient donc de deux sortes : les fondateurs, qui conservaient la direction de l'œuvre puisqu'ils nommaient la majorité du conseil d'administration, et qui, sans participer aux avantages de l'entreprise, fournissaient une part — la plus forte — des ressources nécessaires à son fonctionnement, — et les sociétaires, qui seuls en avaient le bénéfice et se voyaient de plus assurés de recevoir la rémunération du petit capital engagé par eux.

On put espérer un instant que cette création réussirait; car au bout d'un an la banque comptait 190 actionnaires dont 75 sociétaires; mais le nombre de ces derniers n'augmenta pas dans la proportion que les fondateurs de l'œuvre auraient été en droit d'espérer. En 1885, on en avait réuni 100; ce chiffre, obtenu avec beaucoup d'efforts, ne put être dépassé et dès l'année suivante il diminua; en 1889, il était réduit à 78.

Fondée au capital de 20,000 francs, élevé successivement à 30,000, puis à 50,000, la Banque Populaire avait vu ses affaires progresser régulièrement. Le mouvement total, de 33,000 francs la première année, de 77,700 la seconde, dépassait, en 1889, 210,000 fr. Les avances : prêts directs, escomptes et comptes courants, atteignaient en dernier lieu 60,000 francs par an. Les bénéfices représentaient plus de 6 1/2 % du capital versé (en 1889 : 2,349 fr. pour 35,836 fr. 75). A cet égard les résultats étaient fort satisfaisants. Mais les fondateurs n'avaient pas réussi, malgré leur dévouement, à étendre la clientèle de la banque. On comprenait mal son objet et les conditions de son fonctionnement; les sociétaires eux-mêmes négligeaient de lui apporter leurs affaires; les escomptes étaient insignifiants. En somme l'institution rendait de notables services, mais à un trop petit nombre de personnes et dans un cercle trop restreint. Du moment que le nombre des sociétaires diminuait au lieu d'augmenter, il était visible que le but qu'on se proposait n'était pas rempli. Aussi les fondateurs se décidèrent-ils à liquider au début de l'année 1890. La dissolution a été prononcée le 16 mars dernier. Toutes les affaires étaient terminées; tous les actionnaires-sociétaires remboursés. En somme l'opération s'est traduite par une perte très légère pour les fondateurs : 236 fr. 60 en tout.

On doit regretter que cette entreprise, très bien conduite et servie par d'intelligents dévouements, n'ait pas rencontré plus de faveur. Elle aurait pu, en se développant, devenir, pour le commerce d'ordre inférieur, le plus précieux des auxiliaires.

IV. — SOCIÉTÉS DE SECOURS MUTUELS.

Les Sociétés de Secours mutuels ont été, pendant de longues années, la seule institution d'assistance et d'économie qui existât à Limoges, en dehors des établissements publics de bienfaisance et des œuvres catholiques.

Nous ne nous étendrons pas ici sur le but des Sociétés de Secours mutuels et sur les services qu'elles sont appelées à rendre et qu'elles rendent en effet. Tout le monde est fixé sur ce point. Il nous paraît seulement utile de donner quelques indications sur les diverses phases de l'histoire de ces sociétés à Limoges, leur développement et leur degré de prospérité. Le groupement réalisé par elles est le premier, ne l'oublions pas, qui ait attesté le réveil de l'esprit d'association et la permanence des anciennes traditions corporatives. La Révolution avait en vain essayé de les anéantir; en vain le gouvernement impérial, malgré l'appui donné à quelques tentatives intéressantes, s'était-il en somme montré hostile aux sociétés d'ouvriers et au rétablissement d'un organisme destiné à faciliter les rapports entre les diverses classes du monde du travail. Le besoin d'institutions plus ou moins inspirées de l'ancien esprit se faisait si vivement sentir, que le gouvernement dut se décider à y donner satisfaction. Il s'exécuta, on doit le reconnaître, avec une bonne grâce médiocre et ne s'engagea qu'avec une excessive prudence.

La plus ancienne de nos Sociétés de Secours mutuels remonte au règne de Charles X. C'est celle dite « Société des ouvriers porcelainiers » fondée le 1er mai 1829. Celle des typographes est de 1835; celle des cordonniers de 1842; celle des tisserands, teinturiers et fileurs de 1843; celle des employés de magasin des fabriques de porcelaine de 1844. Dix-huit se créèrent de 1849 à 1870, presque toutes n'admettant que des individus appartenant à un seul corps de métier ou voués à une seule nature de travail. Les inconvénients de cette organisation se sont fait vivement sentir à plusieurs époques. Quand le chômage atteint avec un certain caractère de gravité une branche d'industrie, la caisse de la société de secours mutuels établie pour les ouvriers de cette branche se trouve mise à une rude épreuve : les dépenses augmentent sensiblement alors que les cotisations se payent mal. Aussi depuis un certain nombre d'années une réaction s'est-elle produite contre l'organisation corporative des sociétés qui nous occupent; celles-ci tendent maintenant à élargir leur clientèle et à ouvrir leurs rangs, les unes à des ouvriers de toutes les industries, les autres à des ouvriers de plusieurs professions tout au moins.

Les renseignements statistiques recueillis par la mairie de Limoges sur l'état et les ressources de nos sociétés de secours mutuels ne remontent pas au delà de 1855.

A cette date, il y avait à Limoges, pour une population totale de 46,564 habitants, seize sociétés, comptant 113 membres honoraires et 1,118 participants : soit environ un participant sur 40 habitants.

Dans les cinq années qui suivent, une société disparait, mais quatre se fondent : le relevé de 1860 accuse dix-neuf associations avec 114 membres honoraires et 1,732 participants (1,651 hommes et 81 femmes) pour une population de 51,053 âmes. Six seulement possèdent un fonds de retraite, et leur capital à la caisse des retraites ne dépasse pas 4,794 fr. 10. L'avoir total est de 77,909 fr. 92, un peu plus de 4,000 francs par société et 44 fr. 97 par sociétaire.

De 1860 à 1870, l'idée de la création des retraites fait de grands progrès : la plupart des groupes comptent des associés qui voient la vieillesse approcher et ne bornent plus leur ambition à s'assurer des secours en cas de maladie et d'accident. Au moment de la guerre, Limoges possède trente sociétés présentant un effectif total de 216 membres honoraires et de 2,852 membres participants (2,692 hommes et 160 femmes). Le total de l'avoir disponible est de 174,530 fr. 13, soit une moyenne de 5,816 francs par société et de 61 fr. 19 par membre. Dix-sept sociétés ont un fonds de retraites et le capital versé à la caisse atteint une somme douze fois plus élevée qu'en 1860; il dépasse 61,000 francs.

Le nombre des sociétés diminue à partir de cette époque. Dans la période décennale de 1870 à 1880, on en voit trois nouvelles se fonder; mais six diparaissent; de 1880 à 1889, six autres groupes se réunissent à une association plus importante et mieux organisée, en sorte qu'à la fin de 1889, Limoges n'a plus que 21 sociétés de secours mutuels; mais le nombre de leurs membres et leur avoir se sont accrus dans une proportion notable.

Au chiffre de 3,493 participants (3,339 hommes et 156 femmes), fourni par la statistique pour l'année 1880, correspond un capital

de 413,715 fr. 97, soit une moyenne de 15,322 fr. 81 par société et
de 118 fr. 37 par associé. Quatorze sociétés possèdent un fonds de
retraites dont le capital atteint 90,247 fr. 22 et n'ont encore que
13 pensionnaires. Disons toutefois que sur 14 sociétés, 4 se sont
dissoutes : elles comptaient un certain nombre de membres âgés, et
les jeunes s'en sont retirés peu à peu pour ne pas avoir à supporter
les charges résultant d'un pareil état de choses. C'est à ce calcul
qu'il faut surtout attribuer la création des nouvelles sociétés qui
ont été établies durant cette période. Nous avons vu qu'en 1889, il
ne restait plus que 21 sociétés. Celles-ci avaient 217 membres honoraires et 3,961 associés participants. L'avoir disponible n'avait pas
augmenté en raison directe du nombre des associés, puisqu'il
dépassait de 25,000 francs seulement le chiffre atteint en 1880 et
qu'on comptait près de 500 mutualistes de plus. En résumé, cet
avoir était de 438,777 fr. 83, très inégalement réparti, faisant ressortir un capital moyen de 20,814 fr. 18 par société et une réserve
individuelle de 110 fr. 78 seulement par membre.

Le mouvement en faveur de la constitution des retraites, qui
s'est produit au cours des années précédentes, s'accentue de plus en
plus. Quatorze sociétés, c'est-à-dire les deux tiers de celles qui
subsistent, ont un fonds de retraites : celui-ci ne s'élève pas à moins
de 175,617 fr. 57 à la date de 1889 et 63 sociétaires jouissent de
pensions. Notons qu'une association a trouvé un avantage à substi-
tuer une caisse de retraites relevant de l'industrie privée à la caisse
de l'État et a traité, pour les pensions, avec une Compagnie d'assurances sur la vie.

On sait que les associations de secours mutuels sont divisées en
deux catégories : les unes sont simplement autorisées, et n'ayant
pas de personnalité civile, ne peuvent ni constituer un fonds de
retraites en tant que sociétés, ni recevoir des dons ou legs, à plus
forte raison des subventions sur les budgets publics (État, départe-
ments ou communes). Les sociétés approuvées, au contraire, consi-
dérées comme établissements d'utilité publique, jouissent d'un
ensemble d'avantages considérables, tels que, entre autres, la personnalité reconnue par la loi et les libéralités administratives.

Il y a actuellement quinze sociétés approuvées et six seulement
munies de la simple autorisation. Ces dernières sont aujourd'hui
beaucoup moins riches que les associations approuvées; il faut
dire qu'elles comptent un nombre beaucoup moindre d'associés.

Il y a quelques années, elles étaient les plus riches; mais la plus importante d'entre elles a sollicité et obtenu l'approbation, et les totaux respectifs de l'avoir des deux catégories de sociétés se sont trouvés intervertis. Aujourd'hui l'avoir disponible du groupe des mutualistes *autorisés* ne s'élève qu'à 146,853 fr. 58 seulement, chiffre inférieur de plus de 50,000 francs à celui de 1880. Il est vrai que l'effectif du personnel est descendu de 1,617 membres à 913. Quant aux sociétés *approuvées*, elles ont vu en neuf ans le nombre de leurs adhérents s'élever de 1,808 à 3,217 participants, et le chiffre de leur capital disponible, de 207,106 fr. 33 à 291,924 fr. 15. Il faut y ajouter les sommes versées à la caisse des retraites, soit, nous l'avons vu, un total de 175,617 fr. 57. La moyenne de l'avoir pour chaque société autorisée est donc de 24,475 fr. 60; pour chaque société approuvée, de 19,461 fr. 61 (sans tenir compte du fonds de retraites). La moyenne de la réserve pour chaque mutualiste autorisé est de 160 fr.; pour chaque mutualiste approuvé, de 90 fr. environ, plus 54 fr. au fonds de retraites.

Les dons et legs reçus par nos sociétés de secours mutuels sont insignifiants. La commune leur alloue depuis de longues années des subventions dont le total a été élevé de 1,000 à 2,000 fr., puis depuis six ou sept ans à 3,000 fr. Cette allocation est répartie entre les sociétés approuvées, proportionnellement au nombre de leurs membres et au chiffre de leurs versements à la caisse des retraites. Signalons, à propos de subventions, la bonne fortune échue à l'association des cordonniers, dont un titre du Crédit foncier sortit il y a une quinzaine d'années avec un lot de 100,000 fr. Les membres se partagèrent l'aubaine et la société n'en fut pas plus riche.

Les états récapitulatifs des opérations de nos sociétés de secours mutuels, en 1889, donnent les résultats suivants :

Les sociétés approuvées ont compté 969 membres secourus pour maladie, sur 3,217; elles ont, de plus, donné des secours à 65 veuves ou orphelins et à 27 vieillards (indépendamment des 63 titulaires de pensions à la caisse des retraites). Le total des journées de maladie s'est élevé à 55,689 (près de 58 par malade). Ces sociétés ont dépensé 20,766 fr. 60 en frais funéraires; 4,881 fr. 50 en honoraires de médecins; 5,375 fr. 15 en fournitures pharmaceutiques; 68,635 fr. 65 en secours en argent aux malades; 4,179 francs en allocations aux veuves et orphelins; 2,943 fr. 85 en secours aux vieillards; 4,451 fr. 95 en frais de gestion. Elles ont versé 3,091 fr.

à la caisse des retraites. Leurs dépenses se sont élevées à
119,472 fr. 20 pour 114,754 fr. 65 de recettes.

Les sociétés simplement autorisées ont eu, sur un effectif de
980 participants, 289 membres malades, et distribué des secours à
10 vieillards et à 29 veuves ou orphelins. Le total des journées de
maladies atteint 18,657 (plus de 64 journées par malade). — Voici le
total des dépenses : frais funéraires, 2,176 fr.; honoraires de médecins, 1,668 fr.; pharmacien, 2,946 fr.; secours en argent, 23,245 fr. 15;
secours aux veuves et orphelins, 4,627 fr. (les allocations aux vieillards sont comprises aux secours en argent); frais de gestion,
1,346 fr. 55. Dépense totale : 36,202 fr. 50. Recette, 40,099 fr. 14.

Signalons, avant de terminer, une innovation qui nous semble
des plus heureuses. Un syndicat s'est formé entre les diverses
sociétés pour régler en commun certaines questions et réprimer certains abus. Ce syndicat obtient déjà quelques résultats satisfaisants :
il réussit notamment à empêcher qu'un membre sortant d'une société
soit admis dans une autre avant de s'être libéré de ce qu'il peut
devoir à la première — abus qui était devenu fréquent.

Les associations locales de secours mutuels et de retraites ne
sont pas les seuls organismes ayant le caractère d'institutions privées et autonomes qui aient réussi à Limoges à grouper un grand
nombre de bonnes volontés en vue de la réalisation de l'épargne,
de son accumulation, de son aménagement et de l'assistance de
leurs membres. D'autres sociétés, fondées avec un cadre plus large,
et ayant leur siège en dehors de notre département, à Paris en
général, comptent dans notre ville un chiffre considérable d'adhérents. On peut citer parmi les associations limitées à une catégorie
de personnes ou à une corporation celle des *Voyageurs de commerce*,
et parmi les institutions s'adressant à tout le monde, celle des *Prévoyants de l'avenir*. Cette dernière, dont la fondation remonte à dix
années à peine, a déjà établi treize sections dans la Haute-Vienne
et la plus ancienne de ces sections, celle de Limoges (n° 57), ne réunit
pas moins de 1,232 membres. Mais la *Caisse populaire d'Assurances*
n'a obtenu jusqu'ici, parmi les ouvriers, que peu de succès. Ajoutons que les entreprises de reconstitution de capital, celle des *Cou-
pons commerciaux* par exemple, n'ont trouvé que défiance (1) ou indif-
férence et ont eu de la peine à établir dans notre ville une succursale.

(1) Sur les Prévoyants de l'avenir et la reconstitution du capital, V. Cheysson,
l'Imprévoyance dans les institutions de prévoyance, *Réf. soc.*, 16 septembre 1888,
p. 276.

V. — Sociétés coopératives de production

Les événements de 1848-1849, et plus encore la direction qu'ils donnèrent aux esprits, les sollicitudes qu'ils firent naître, les questions qu'ils mirent à l'ordre du jour, provoquèrent dans toute la France un mouvement irrésistible en faveur de l'association. Depuis le xiiᵉ siècle, rien de pareil ne s'était vu dans notre pays. Ce mouvement, par malheur plus enthousiaste que réfléchi, s'affirma sur le champ par la fondation d'un grand nombre de sociétés coopératives. Ni le zèle, ni l'intelligence ne manquaient assurément aux promoteurs de ces sociétés; mais ils n'avaient en général aucune expérience : presque partout la théorie seule les guidait et l'utopie tenait une trop large place dans les programmes mirobolants qu'ils faisaient voter d'acclamation par des adhérents souvent peu capables d'en discuter, d'en comprendre même les points essentiels.

Les sociétés qui se créèrent à cette époque furent surtout des entreprises de production. On s'associa, non pour acheter aux conditions les plus favorables les denrées de première nécessité (avantage économique qui semblait un résultat bien modeste, bien mesquin auprès des joies de la Terre Promise, montrée par quelques prophètes), mais pour produire sans le concours du capital et en dehors de l'autorité d'un chef d'industrie. On s'inquié- ait assez peu de remplacer l'intermédiaire, tout au moins de réduire autant que possible ses prélèvements : on visait surtout à supprimer le patron.

Les ouvriers de Limoges, comme ceux de Paris et de la plupart des centres industriels, entrèrent dans la voie de l'association coopérative, mal préparés et ignorants ou dédaigneux des faits économiques avec lesquels toute entreprise commerciale doit cependant compter. Dans notre ville comme ailleurs, on se préoc- cupa médiocrement des lois fondamentales de la production et du travail, des effets de la concurrence, de la variation incessante du prix des matières et de celui des marchandises elles-mêmes, des besoins de la consommation, des évolutions du goût, des caprices de la mode, de ces mille facteurs de la vente et du succès dont l'industriel ne saurait sans péril négliger aucun. On augmenta les salaires avant que la fabrication eût trouvé des débouchés réguliers. Par suite, les prix de revient étaient trop élevés, plus élevés que ceux des manufactures en concurrence, et l'écoulement des produits s'opérant dans de mauvaises conditions, les fabricants associés se voyaient obligés de réduire leurs prétentions premières et en fin de compte de livrer leurs marchandises à des prix souvent inférieurs à ceux qu'avaient sans peine obtenus, dès les premiers jours, les autres industriels. Il faut ajouter que l'entente était rarement complète entre les membres du groupe coopératif : la rivalité des coteries qui se formaient dans son sein amenait le relâchement de la discipline, diminuait la confiance des sociétaires dans les hommes placés à la tête de l'entreprise et entravait la direction au point d'annuler ses plus intelligents efforts. Ailleurs, et le fait ne se produisit que trop souvent, les gérants chargés de coordonner l'action des coopérateurs, de répartir et de surveiller le travail, de procurer l'écoulement des produits, furent au-dessous de leur tâche; beaucoup manquèrent d'énergie et de suite dans les idées; d'autres sacrifièrent les intérêts communs à leurs intérêts particuliers. Telles furent les principales causes de l'échec qu'éprouvèrent la plupart des essais de coopération tentés de 1849 à 1860.

Les sociétés de production établies à Limoges n'eurent en général qu'une existence éphémère : nous avons retrouvé quelques traces de celles des tailleurs, des cordonniers, des boulangers. Aucune ne connut la prospérité : presque toutes portaient en elles, dès le jour de leur venue au monde, le germe d'une dissolution prochaine. Elles ont laissé peu de souvenirs dans la mémoire des contemporains; et ces souvenirs, pour être assez vagues, n'en sont pas plus favorables. Une seule, composée d'hommes sérieux, presque tous dévoués à l'idée coopérative, ayant à leur tête quelques employés d'élite et quelques ouvriers de talent, parut devoir échapper à la destinée commune. Nous voulons parler de celle qui, pendant dix-neuf ans, a conservé, au sein de la population de notre ville, le souvenir et l'écho des programmes de 1849. On ne la connaissait que sous le nom de l'*Association*, et il n'y a pas un ouvrier de Limoges qui n'en parle encore avec un certain respect.

L'*Association* fut fondée le 4 juin 1850. Elle comptait une quarantaine de membres appartenant à tous les corps d'état qui concourent à la fabrication de la porcelaine : modeleurs, mouleurs, tourneurs, engazeteurs, enfourneurs, comptables, choisisseurs, emballeurs. Il se trouvait parmi eux deux ou trois femmes. Chacun des adhérents souscrivit une action de 100 francs, que beaucoup ne purent verser; mais les bénéfices permirent bientôt de compléter le capital social. Du reste, les porcelainiers avaient admis dans la société un certain nombre de membres n'appartenant pas à leur profession et qui aidèrent de leurs fonds la fabrication à son début. En dehors même des actionnaires, on trouva de généreux prêteurs. Un ancien notaire de Limoges nous racontait, il y a peu de mois, qu'il avait fourni l'argent nécessaire à la première fournée.

Au début, tous les associés rivalisèrent de désintéressement et d'efforts. Les produits de la première période de fabrication furent magnifiques. Le succès vint presque aussitôt récompenser une tentative à laquelle tout le monde prenait intérêt. Les produits de l'*Association* se vendirent aisément et aux prix les plus avantageux. Ses porcelaines, fabriquées avec le plus grand soin, se faisaient remarquer par leur finesse et leur beauté. Elles acquirent en très peu de temps une juste réputation. Au bout de trois ou quatre ans, presque toutes les dettes avaient été payées ; d'importants bénéfices étaient réalisés et les sociétaires qui se retiraient touchaient en remboursement de leur apport de 100 francs (versé par la plupart d'entre eux à l'aide des premiers bénéfices), une somme de 1,500 à 2,300 francs.

Ce succès était dû surtout à la valeur tout exceptionnelle d'une partie des ouvriers qu'avait réunis l'Association et à l'intérêt universel qui s'était attaché à leur tentative. Toutefois il faut reconnaître que les hommes intelligents et dévoués chargés de la direction de l'entreprise pouvaient en réclamer une bonne part : M. Charles Ricroch, ancien chef d'atelier de la maison Jouhanneaud et Dubois, gérant de la société, paraît, avec MM. Capet, Dautremont, Radureau, Lamy, Catinaud, y avoir surtout contribué. On reprochait à M. Ricroch son manque de fermeté et un certain laisser-aller ; mais il rachetait ces défauts par de très grandes qualités. Ce qu'on ne peut nier, c'est que la société demeura prospère durant tout le temps de sa gestion.

L'*Association* pourtant n'avait pas échappé aux tiraillements qui s'étaient produits au sein de tous les autres groupes coopératifs de notre ville. Deux coteries s'étaient formées : les mouleurs appuyaient M. Ricroch, qu'on accusait de les favoriser dans la fixation des prix ; les tourneurs, au contraire, lui étaient opposés. Dès le 15 décembre 1852, un des principaux associés se retirait, suivi bientôt de six autres adhérents. Dans les premiers jours de mai 1853, onze membres quittèrent la société ; il fallut la reconstituer. Il en fut de même en 1854 et 1855. Une période de tranquillité suivit ces crises. La fabrication se maintenait très soignée et n'avait pas besoin d'aller à l'étranger chercher des débouchés. Les commissionnaires de Limoges prenaient une bonne partie des produits ; le reste avait un placement assuré à Paris. Indépendamment des bénéfices répartis au prorata des salaires individuels fixés par l'association, certains associés touchaient des salaires de 10 à 12 % plus élevés que ceux payés dans les autres fabriques ; la qualité de la porcelaine, la réduction au minimum des avaries et des mécomptes de la fabrication compensaient ce surcroît de dépense pour la main-d'œuvre.

Mais les querelles intestines ne tardèrent pas à se réveiller. On reprochait au gérant d'esquiver trop volontiers le contrôle du conseil d'administration, de faire des voyages à Paris trop fréquents et trop coûteux pour la société. De plus il tenait une cantine à la porte même de la fabrique, et on l'accusait de pousser un peu trop à la consommation. Malgré les amis dévoués qu'il avait encore parmi les associés, la coterie inspirée par ses adversaires finit par l'emporter. M. Ricroch se retira le 8 juin 1859. Le même jour, M. Mantin fut chargé des fonctions de gérant de la société. C'était un homme honorable et de fort bonnes intentions ; mais il n'avait ni l'énergie, ni l'autorité nécessaires. Dix démissions se produisirent en quelques jours ; quatre autres furent données au commencement de l'année 1860. Tout se désorganisa : en même temps que son premier directeur, l'association avait perdu ses meilleurs ouvriers et quelques-uns de ses soutiens les plus dévoués. Les sympathies du public se retiraient d'elle. Les vaches grasses étaient passées ; tout annonçait la venue des vaches maigres ; elles devaient être plus maigres encore qu'on ne l'imaginait.

La société se reconstitua le 9 mars 1860. Elle était formée de vingt-huit membres et se trouvait par suite dans la nécessité d'augmenter le nombre de ses collaborateurs auxiliaires. M. Mantin conservait la gérance et l'*Association* restait installée dans les locaux qu'elle occupait depuis dix ans, près La Rampe de Montjovis. Pour attirer de bons ouvriers, il fallut leur promettre des salaires exagérés ; néanmoins la qualité des produits baissa ; l'*Association* parvenait à peine, maintenant, à soutenir la concurrence des autres fabriques ; les salaires étaient payés irrégulièrement... Les choses allèrent de mal en pis. La société formée en 1860 dut se dissoudre le 1er octobre 1864 pour se reconstituer aussitôt. Elle ne comptait plus que dix-sept membres, dont peu d'anciens. M. Mantin garda la gérance jusqu'au 4 novembre 1866. Il laissa à M. Boutet, son successeur, une situation désespérée. Au commencement de mars 1869 avait lieu la dissolution définitive, après une période d'inextricable désordre et de constante gêne, qui devait faire cruellement regretter, aux coopérateurs de la première heure, les beaux jours de la gérance Ricroch.

La plupart des manœuvres employés par les coopérateurs n'étaient pas des associés et recevaient un salaire dans les conditions ordinaires, sans avoir droit à aucun bénéfice. Mais il y avait encore des manœuvres au nombre des coopérateurs en 1858 ; il est donc inexact de prétendre, comme on l'a fait, qu'ils aient été dès le début totalement évincés. La vérité est qu'une coterie chercha en effet à accaparer l'association au profit d'une petite aristocratie professionnelle ; mais elle ne réussit pas complètement dans son entreprise.

L'*Association* avait fondé, ou plutôt rétabli une boulangerie coopérative qui existait, nous a-t-on assuré, avant la Révolution de 1848, et qui, plusieurs fois abandonnée, plusieurs fois reprise, ne prospéra point et ne rendit pas, en somme, de très grands services. Nous devons noter de plus qu'elle s'était mise en rapport, dans la période de ses débuts, avec plusieurs sociétés de production de Paris : tailleurs, chapeliers, fabricants de fleurs artificielles et de globes, dont les coopérateurs de Limoges ne se bornèrent pas à acheter les produits et auxquelles ils essayèrent sans grand succès de procurer des clients au dehors. Ce petit commerce occasionna quelques abus.

La première scission qui s'était opérée au sein de la société de Limoges avait eu pour conséquence la création d'un second groupe coopératif de porcelainiers. Nous avons signalé plus haut la querelle des tourneurs et des mouleurs. L'ouvrage des premiers, étant d'une exécution plus courante, s'appréciait aisément et le prix payé par la société ne dépassait pas de beaucoup le tarif des autres fabriques. Les mouleurs au contraire, dont le travail était d'une évaluation plus arbitraire, réussissaient à obtenir des salaires fort élevés, parfois déraisonnables. Il faut dire qu'ils avaient la majorité et que le gérant s'appuyait sur eux. Les discussions s'envenimèrent à ce point que les chefs du parti des tourneurs et un certain nombre de leurs adhérents quittèrent, comme on l'a vu, la société à la fin de 1852 et dans les premiers mois de 1853 pour aller fonder une manufacture à deux ou trois cents mètres de la fabrique de la Rampe, dans le faubourg Montmailler (aujourd'hui fabrique Coiffe jeune). Cette nouvelle association, formée de treize membres, n'eut ni succès ni durée. Au bout de dix-huit mois environ, elle dut se dissoudre, après avoir dépensé, dit-on, plus de cinquante mille francs. On conte qu'un procès engagé au sujet d'un modèle de corbeille, entre elle et une autre société (Capet, Villegoureix et consorts), créée elle aussi par des transfuges de la Rampe et établie ancienne route d'Aixe (fabrique Périgauld) lui porta le coup de grâce.

Nous n'avons pu nous procurer de renseignements bien précis sur une société de peintres créée le 1er août 1851 ; tout ce que nous savons, c'est qu'elle ne réussit pas. Il en fut de même de plusieurs autres, fondées dans les quinze années qui suivirent le grand élan de 1849, et notamment de boulangeries créées en vue de l'application de systèmes plus ou moins ingénieux. Toutes eurent une existence laborieuse et éphémère.

Aussi, en dehors des établissements publics, hôpitaux, bureaux de bienfaisance, fourneaux économiques, caisse d'épargne, et des œuvres de charité chrétienne, n'y avait-il à Limoges, vers la fin du second Empire, pour notre nombreuse population ouvrière, d'autres institutions d'assistance, de prévoyance et d'économie que les Sociétés de secours mutuels.

De 1868 à 1870, quelques tentatives furent faites pour l'établissement de nouvelles sociétés de production et de sociétés de consommation ; mais ces tentatives n'eurent pas grand succès. Une association de cordonniers se constitua, vécut quelque temps à grand'peine, puis s'éteignit aussi rapidement que ses devancières. Peu d'essais dans la même voie paraissent s'être produits de 1870 à 1880. La fondation, à Limoges, d'une boulangerie et d'une boucherie coopératives furent agitées en 1886 et 1887. Le premier projet mis en avant fut naturellement celui d'une société de boulangerie. Le succès des coopérateurs d'Angoulême, signalé par la presse, était un encouragement pour les promoteurs de l'entreprise. Une association établie sur des bases analogues à Saint-Junien, petite ville industrielle du département de la Haute-Vienne, avait obtenu de bons résultats. On voulut suivre cet exemple. Les personnes désireuses de doter Limoges d'une institution semblable se réunirent; un comité fut chargé d'étudier les voies et moyens d'exécution et de préparer des statuts. Les divergences qui se produisirent dans le sein de ce comité firent traîner les choses en longueur. L'ardeur diminua peu à peu; les bonnes volontés se lassèrent et en fin de compte on n'aboutit à rien.

Le projet de création d'une boucherie coopérative ne rencontra pas les mêmes difficultés. Les promoteurs, loin de s'attarder aux discussions théoriques, pressèrent les adhérents de se constituer en société et de commencer les opérations. Malgré les observations de quelques négociants désireux de voir l'œuvre se fonder sur des bases plus solides et avec un capital plus considérable, la société fut créée à la fin de l'année 1887 : on s'engagea aussitôt dans une entreprise dont l'organisation n'avait pas été, au préalable, suffisamment étudiée. Les conséquences de cette manière de procéder ne tardèrent pas à se faire sentir. Les achats de bestiaux furent confiés à des agents peu sûrs; non seulement ils s'effectuèrent dans de mauvaises conditions, mais la société perdit d'assez fortes sommes imprudemment avancées à ses acheteurs. Les étaux, qu'on avait multipliés trop tôt et dont les frais, pour le matériel comme pour le personnel, étaient trop élevés, se trouvèrent bientôt mal approvisionnés. La direction manquait d'unité et de suite. La surveillance faisait souvent défaut. Le public, qui, désireux de se soustraire au monopole de la corporation des bouchers, avait accueilli avec une faveur marquée l'ouverture des boucheries de la société, se lassa peu à peu d'y venir, n'y trouvant avantage ni sous le rapport du choix, ni au point de vue du prix. Au bout de six mois les fondateurs de la société étaient obligés de reconnaître l'impossibilité de continuer une entreprise qui, indépendamment de ses mauvais résultats financiers, n'avait guère rempli les intentions de ses promoteurs. Le programme de ces derniers était, en effet : « de bonne viande, à bon marché ». Or, la boucherie n'avait pas toujours donné à ses clients de bonne viande, et elle la leur avait fait souvent payer plus cher qu'ils ne l'auraient achetée ailleurs.

Les opérations de la société duraient depuis six mois à peine lorsqu'il fallut se décider à liquider. On avait déjà réclamé aux actionnaires le versement intégral de leurs souscriptions. Il n'est pas bien certain que l'actif réalisé suffise à payer les dettes. Si la balance s'établit, ce ne pourra être qu'au prix de laborieux efforts. Il ne restera à l'avoir de la boucherie que quelques créances irrecouvrables et sur la valeur desquelles les liquidateurs n'ont jamais dû se faire de grandes illusions. Une somme de 26 à 28,000 francs a été gaspillée là sans aucun résultat utile.

On ne saurait trop déplorer cet échec, qui a jeté un certain découragement parmi les partisans de la coopération et qui, sans nul doute, empêchera pendant quelque temps de nouvelles tentatives de se produire.

Pour le moment Limoges possède, à notre connaissance, trois sociétés de production fonctionnant régulièrement, mais dont la situation n'est pas également satisfaisante.

La plus ancienne est une société de cordonniers, la *Solidarité*. Elle procède de celle dont nous avons plus haut mentionné la fondation vers 1870, et qui, après une léthargie de sept ou huit ans, fut reconstituée en 1879 par la Chambre syndicale de ce corps de métier. Les statuts, datés du 23 mars 1879, jour où ils furent approuvés par l'assemblée générale, portent qu'il est formé « entre les ouvriers cordonniers membres de la Chambre syndicale et leurs collègues également ouvriers cordonniers et admis à faire partie de ladite Chambre », une société civile, anonyme, à personnel et à capital variable, ayant pour objet « la fourniture, à ses sociétaires seulement, des articles propres à leur travail, tels qu'outillage, crépins et toutes matières se rattachant à la cordonnerie ».

Cette société ne constitue en somme qu'une transformation de la Chambre syndicale, et c'est le programme de celle-ci, il n'est pas difficile de le constater, la préoccupation surtout de maintenir son influence et d'assurer son action que les fondateurs ont eus en vue, beaucoup plus que l'intérêt économique des adhérents, réduit au simple but social énoncé plus haut. Le préambule dont ces statuts sont assortis l'énonce du reste suffisamment.

Le siège de la société, d'abord rue Arbre-Peint, n° 16, a été trans-féré successivement rue Manigne, puis rue Montant-Manigne ; il est actuellement rue d'Aguesseau, 4.

L'association a été fondée au capital de 2,800 francs, par 56 adhé-rents. Le type du titre est l'action de 50 francs, dont un dixième doit être payé lors de la souscription, et qui sera libérée à l'aide des cotisations des membres, du produit des remises sur les fournitures livrées, de l'intérêt des fonds versés, enfin des dividendes.

La société est dirigée par un conseil syndical de vingt membres, qui se réunit une fois par mois. Une commission de sept membres, dite *commission administrative*, est chargée de tout ce qui a trait aux fournitures dont l'achat et la consommation font l'objet des opéra-tions de la société : Elle choisit dans son sein le chef de magasin et le directeur caissier, qui reçoivent seuls un traitement.

La durée de l'exercice est de six mois, et à l'expiration de chaque semestre, l'inventaire doit être établi et les comptes arrêtés. Toute-fois jusqu'ici on n'a fait que des inventaires annuels. Le dernier exercice a été le plus satisfaisant : il a donné un boni de 900 francs environ qui a été appliqué en grande partie à grossir le fonds de réserve, jusqu'ici insignifiant. Le chiffre d'affaires s'était élevé à 15 ou 16,000 francs ; mais pour arriver à ce chiffre, la société, qui a eu à traverser de fort mauvais jours, a dû modifier son organisa-tion, de société civile devenir société commerciale et ajouter à la fourniture des matières aux coopérateurs, la vente de la chaussure au public. Ajoutons que l'établissement, à Limoges, de grandes maisons fabriquant la chaussure à la mécanique a modifié de la façon la plus complète les conditions du travail pour les cordon-niers. Il ne se forme plus aujourd'hui d'apprentis, et le nombre des ouvriers qui peuvent bénéficier des avantages offerts à ses mem-bres par la *Solidarité* devient de plus en plus restreint. Aussi le nombre des sociétaires ne dépasse-t-il pas 40.

Bon nombre des articles des statuts visent des points qui doivent rester en dehors de notre étude. Toutefois nous ne pouvons pas ne pas signaler certaines de ces dispositions qui, étrangères à l'objet restreint de la société de consommation, se rattachent de la façon la plus étroite à l'ordre d'idées qui a inspiré la fondation des syn-dicats professionnels.

C'est d'abord le principe posé, par le *préambule* même, de la créa-tion à l'aide d'une partie des bénéfices réalisés par la société, d'une école professionnelle. L'association de consommation et l'école professionnelle sont, dans l'esprit des fondateurs « les deux branches de la société » (article 3 des statuts).

L'établissement de l'école professionnelle n'est pas demeuré à l'état de programme platonique et de simple projet. L'école a réellement été fondée; mais point avec les bénéfices de la branche *consommation*, car ces bénéfices, quand il y en a eu, ont été minimes. C'est le budget de la ville de Limoges qui en a fait les frais. Cette école a fonctionné quelques mois, dans de mauvaises conditions, et s'est fermée quand la subvention municipale a tari. Cet épisode de l'histoire de la *Solidarité*, sur lequel nous n'avons pas à insister ici, n'a pas été favorable au développement de l'œuvre coopérative et a eu, au contraire. pour résultat de créer des divisions dans son sein et de porter atteinte à l'esprit de désintéressement qui animait ses membres.

Notons encore, dans les statuts de la *Solidarité*, l'article 11, où il est dit que le conseil fera tous ses efforts pour procurer du travail à ceux des membres de la Société demeurés sans ouvrage, — et l'article 12 donnant au même conseil la mission de renseigner les pères de famille pour le placement de leurs enfants en apprentissage et déclarant que tous les membres de la société doivent veiller avec une paternelle sollicitude au bien-être des apprentis et aux bonnes conditions morales de l'apprentissage. Il y a là, à côté de certaines arrière-pensées qu'il n'est pas difficile de dégager, un écho des meilleures pratiques de l'ancienne corporation professionnelle.

La *Conciliation*, société des ouvriers sabotiers, a été formée dans les mêmes conditions que la *Solidarité*. Comme cette dernière, elle n'est qu'une forme de la Chambre syndicale du corps d'état. Toutefois les statuts sont plus précis et mieux appropriés à la destination économique de l'association. Celle-ci est une société commerciale et définit ainsi son objet : « la fabrication et la vente de la saboterie et de tous les articles s'y rattachant, ainsi que des outils, tant à ses adhérents qu'à toute autre personne. »

Fondée au mois de mars 1887 avec un capital social de 1,900 fr. formé de 38 parts d'intérêts de 50 francs chacune, libérées de 5 francs et progressivement complétées à l'aide de cotisations de 1 franc par mois, la *Conciliation* a reçu de la caisse syndicale qui l'a constituée une somme de 1,147 fr. 05 pour former son fonds de

réserve, qui est accru par les améndes et un prélèvement de 10 %
sur les bénéfices.

La *Conciliation* est administrée par un conseil syndical de douze
membres, qui a sous ses ordres un directeur recevant un traitement et remplissant aussi les fonctions de magasinier.

Les membres qui composent cette société n'ont pas pris à la poli-
tique et aux petites intrigues de l'hôtel de ville une part aussi
active que certains membres au moins de la *Solidarité*. Toutefois,
bien que leurs efforts paraissent s'être concentrés davantage sur le
but économique de l'œuvre, celle-ci n'a obtenu que des résultats
médiocres. Son existence n'est pas menacée ; mais l'œuvre végète et
ne paraît pas appelée à faire de grands progrès. Les sabotiers tra-
vaillant chez eux, ou ouvriers de l'atelier domestique, se trouvent,
comme les cordonniers, bien isolés, bien faibles, en face des grandes
fabriques de galoches à outillage mécanique qui se sont établies à
Limoges et dont la production annuelle se chiffre par millions.
Aussi. la *Conciliation*, bien qu'elle rende de sérieux services à ses
coopérateurs sans ouvrage en leur donnant du travail à façon, rai-
sonnablement rétribué, et que ses relations avec la Société coopérative de consommation l'*Union* soient de nature à lui procurer une
certaine activité en assurant un peu de travail à ses membres, ne
compte plus qu'une trentaine d'adhérents.

Il existe actuellement à Limoges, à notre connaissance, deux
autres sociétés coopératives de production, toutes les deux fonctionnant à grand'peine et, bien que de fondation récente, ne parais-
sant pas appelées à fournir une longue carrière : le *Progrès ouvrier*
(maçons), établi il y a un an environ, comptant une quinzaine de
membres et créé à un capital variable avec des parts de 50 francs
sur lesquelles 5 francs seulement ont été versés, et la Société des
plâtriers, dont l'existence remonte à six ou sept ans, et qui n'a plus
que sept ou huit adhérents.

Une seule de nos sociétés de production est en bonne voie : la
boulangerie créée depuis le 1er avril 1887 par la Société de consommation l'*Union*. Ce n'est pas, comme nous le verrons, une institution spéciale, mais une simple annexe de la grande Société de consommation. Elle reste d'ailleurs dans le cadre rigoureux d'action
de cette dernière: car elle se propose de fournir les seuls coopérateurs qui témoignent le désir de devenir ses clients, et ferme ses
guichets à tout acheteur non sociétaire de l'*Union*. Nous ne nous

étendrons donc pas ici sur cette boulangerie, fort bien organisée et donnant d'excellents résultats. Nous nous bornerons à constater qu'à la date du 7 août 1890, sur 2,195 membres de l'*Union*, un peu moins de moitié, soit 1,000 à peu près, étaient clients de la boulangerie coopérative, qui, à la même date, fabriquait de 1,900 à 2,000 kilos de pain par jour. Dans les premiers mois, on n'en vendait pas cinq cents. Du 1er octobre 1888 au 31 mars 1889, il est sorti de la boulangerie 175,587 kilos de pain, soit une moyenne de 959 par jour; du 30 septembre 1889 au 4 mai 1890, 286,305 kilos, soit par jour, 1,291 kilos.

Le boni net, produit par les opérations de la boulangerie, avait été de 132 francs seulement pour les six premiers mois; il atteignait 1,925 fr. 80 dans le semestre suivant et dépasse 7,000 francs pour les sept mois du dernier exercice (1).

VI. — SOCIÉTÉS D'ACHAT ET DE CONSOMMATION

De toutes les sociétés d'achat et de consommation fondées à Limoges depuis un quart de siècle, — et il y en a eu un grand nombre, — une seule, croyons-nous, est arrivée à posséder une organisation régulière et à obtenir des résultats de tous points satisfaisants. C'est l'*Union*, qui compte aujourd'hui plus de 2,000 sociétaires et dont le chiffre de vente s'élèvera bientôt à un million.

Dans plusieurs fabriques de porcelaines de Limoges, dans les manufactures Sazerat et Blondeau, Delotte, Guérin et Cie, Bernard et Breuil, Brissaud et Coiffe, entre autres, s'étaient organisées, de 1872 à 1880, des sociétés d'achats, se proposant surtout de fournir aux coopérateurs des denrées alimentaires et des marchandises d'épicerie à bon marché. Les adhérents se recrutaient dans le personnel des ouvriers et des employés de la fabrique. Le patron fournissait un local, faisait parfois quelques avances. Ces essais, dirigés pourtant par des hommes dévoués, donnèrent des résultats médiocres. La consommation n'était pas assez active, les achats par suite ne pouvaient porter sur des quantités assez considérables

(1) Nous avons sous les yeux, au moment où nous corrigeons les épreuves de cette notice, l'inventaire dressé au 28 septembre 1890. Les résultats de la période du 5 mai inclus au 28 septembre inclus (4 mois 24 jours) ne sont pas moins satisfaisants que ceux de la période précédente : La boulangerie a fabriqué 221,602 kilog. de pain, (soit 1,518 kilog. par jour) et a réalisé un boni net de 3,595 f. 75.

pour assurer aux associés des bénéfices d'une certaine importance.

On sentit donc assez vite le besoin d'élargir le cadre de ces sociétés afin d'augmenter le nombre des consommateurs et d'atteindre ainsi, pour chaque catégorie d'objets, un chiffre d'achats qui permît d'obtenir des fabricants des conditions plus avantageuses : on serait arrivé à ce résultat en syndiquant toutes les associations de Limoges et en organisant une agence centrale ; mais il n'existait pas une entente assez complète entre les divers groupes de coopérateurs, et l'éducation de ceux-ci était encore trop peu avancée pour qu'ils se résignassent à accepter les petits assujettissements d'une règle commune et d'une discipline sans laquelle une entreprise de cette nature ne peut avoir de lendemain.

Toutefois l'insuccès des petites associations particulières à chaque fabrique avait permis de constater que l'économie et les autres avantages d'une telle organisation étaient largement compensés par ses inconvénients, notamment par l'impossibilité d'admettre des participants du dehors dans ces associations annexées pour ainsi dire à un établissement, réduites aux seules ressources de son personnel et fonctionnant d'ailleurs, pour la plupart, avec une médiocre régularité. Les ouvriers voyaient enfin avec déplaisir leur œuvre dépendre dans une certaine mesure de la bonne volonté du patron. Quelques-unes de ces sociétés se décidèrent à renoncer à l'hospitalité de la manufacture et à transférer au dehors le siège de leurs opérations ; une modification de leurs statuts leur permit d'offrir non plus seulement aux ouvriers d'une seule maison, ni même aux membres d'un seul corps d'état, mais au public tout entier, la participation à l'œuvre coopérative et à ses profits. Les ouvriers de la fabrique Delotte furent les premiers à réaliser cette innovation et leur société : l'*Économie ménagère.* — un titre significatif — transféra son siège hors de la manufacture et ouvrit largement ses rangs. Le succès, néanmoins, n'avait pas répondu à l'attente des promoteurs, lorsqu'un autre groupe vint se joindre à eux ; c'était l'*Épargne,* de la maison Sazerat et Blondeau, qui à son tour quittait l'établissement où elle avait commencé ses opérations. La fusion des membres des deux groupes constitua l'*Union,* dont les débuts assez pénibles ne faisaient guère prévoir le brillant avenir. Toutefois des mains prudentes dirigèrent ses premiers pas, et elle leur dut d'éviter des écueils où plus d'une entreprise coopérative avait sombré.

Fondée le 20 novembre 1881, avec quarante-cinq sociétaires et un capital réalisé de 451 fr. 85, formé du dixième versé sur quarante-cinq actions ou « parts d'intérêts » de 100 francs, l'*Union* voyait en effet le chiffre de ses membres réduit à 38 au 26 mars 1882 ; mais elle réparait presque aussitôt ses pertes. Six mois après elle comptait 58 membres ; au 22 septembre 1883 ce chiffre s'élevait à 99 ; un an plus tard à 158 ; au 13 septembre 1885, à 206 ; au 26 mars 1886, à 417 ; au 26 septembre de la même année à 764. Six mois plus tard, le chiffre de mille était dépassé et on atteignait 2,195 au 4 mai 1890.

Limitées d'abord à l'achat de denrées d'épicerie, auxquelles on ajouta dès 1882 le vin, les opérations de la société s'étendirent bientôt à diverses autres marchandises : linge, étoffes pour vêtements, chaussures, combustible. Au 1er avril 1887, la société d'achat devint aussi, mais accessoirement, société de production : une boulangerie fut créée : le succès de cette opération a été complet.

En janvier 1884, le prix des marchandises livrées par la société à ses adhérents, alors au nombre de 125, ne s'élevait pas à plus de 8,258 fr. 50 pour un trimestre, soit en chiffres ronds 33,000 pour l'année, et 264 de consommation pour chaque participant. — Durant le semestre qui prit fin le 28 mars 1886, la consommation atteignait 49.849 fr. pour 417 participants, soit 100,000 francs pour une année. Le dernier inventaire fixe à 490,904 fr. 10 le prix des marchandises livrées, du 30 septembre 1889 au 4 mai 1890 inclus, à 2,195 sociétaires. En prenant ce chiffre pour base, on arrive à une consommation annuelle de plus de 841,000 francs, soit 383 francs par sociétaire (1).

La rapide extension prise par la société dont nous nous occupons ici, date de l'ouverture de ses succursales. Dans une ville aussi étendue que Limoges, un seul établissement ne pouvait rendre les services que les coopérateurs avaient droit d'attendre de l'entreprise. Le moindre achat, la moindre régularisation de compte, un versement, une inscription au livret, la plus légère formalité emportait pour la plupart des sociétaires une longue course et une perte de temps considérable. La fondation de succursales dans les principaux faubourgs qui rayonnent autour de la ville, fut un acte aussi profitable aux intérêts et au développement de la société

---

(1) Du 5 mai au 24 septembre 1890, le chiffre des ventes a atteint 366,973 fr. 05. Le nombre des membres, au 24 septembre, était de 2,451.

qu'avantageux pour chacun des membres en particulier. Cette mesure plaça, pour ainsi dire, sous la main des coopérateurs tous les bienfaits, toutes les commodités de l'œuvre. L'organisation, qui s'améliorait tous les jours, se prêtait de mieux en mieux aux convenances des familles. La création de la boulangerie acheva de rendre l'entreprise populaire, de lui attacher ses anciens adhérents et de lui en attirer de nouveaux.

Un pareil succès mérite qu'on s'arrête un instant à étudier les moyens à l'aide desquels il a été possible d'obtenir d'aussi heureux résultats. Il nous paraît donc utile d'exposer en quelques mots l'organisation de la société.

Les fondateurs ont donné à l'institution la forme d'une « Société civile anonyme à personnel et à capital variables ». Son but est de « fournir à ses membres, aux meilleures conditions de prix et de qualité, les objets de consommation et en général tout ce qui est utile à la vie de l'homme ». Elle admet, sans distinction de sexe, toute personne âgée de 18 ans, présentée par un sociétaire et agréée par le conseil d'administration.

A la tête de la société se trouve un conseil d'administration, formé de douze membres, élus en assemblée générale pour trois exercices semestriels consécutifs et se renouvelant par tiers à la fin de chaque semestre. A l'expiration de leur mandat ils ne peuvent être réélus qu'après une interruption de service de six mois. Les fonctions de ces administrateurs sont analogues à celles des administrateurs de toutes les sociétés de ce genre. Le mandat est gratuit. Toutefois chaque réunion donne droit à un jeton de présence d'une valeur d'un franc. Les réunions ont lieu le mercredi de chaque semaine.

Au-dessous du conseil est placée une commission de surveillance, composée aujourd'hui de neuf membres désignés par l'assemblée générale. Comme les administrateurs, ils se réunissent le vendredi de chaque semaine. Leur mission consiste surtout à veiller à la régularité des opérations de la société et à contrôler les écritures.

L'assemblée générale se réunit deux fois par an, le dernier dimanche de mai et le dernier dimanche de novembre. Des réunions extraordinaires peuvent aussi avoir lieu sur la convocation du conseil ou de la commission de surveillance. Toute modification aux statuts doit être demandée par la moitié au moins des sociétaires. Il faut toutefois que les modifications soient votées par deux assemblées générales successives. La dissolution ne serait prononcée que si, les pertes excédant les 3/4 du capital social, la mesure était demandée par les 3/4 au moins des sociétaires.

Il n'y a pas de directeur. Sous l'autorité et la surveillance immédiate du conseil, le secrétaire général centralise tous les services, dirige l'établissement principal, procède aux achats, distribue les marchandises, est chargé des écritures de toute espèce et de la comptabilité ; un magasinier et des commis aux écritures lui sont adjoints. Le secrétaire général est la cheville ouvrière de la société. L'emploi est rempli, depuis la création, avec autant de dévouement que d'intelligence, par M. Couty, ancien peintre sur porcelaine, à qui nous devons les plus cordiaux remerciements pour son obligeance et la netteté de ses explications.

Chaque succursale est gérée par un receveur responsable, assisté d'un aide et de distributeurs. La succursale a un magasin muni d'un approvisionnement des diverses denrées et marchandises que la société procure aux coopérateurs.

Le personnel employé par la société, soit à titre permanent, soit d'une façon intermittente, n'est pas de moins de soixante personnes; il a entraîné lans la période comprise du 30 septembre 1889 au 4 mai 1890, soit en un peu plus de sept mois, une dépense de 21,285 fr. 05, ce qui ferait ressortir la dépense à 3,000 francs par mois — 36,000 francs par an (1), — et le salaire moyen à 600 francs; ce chiffre paraîtrait bien modeste si l'on ne considérait qu'une partie des employés donnent seulement à certains jours de la semaine leur temps à la société et que leur service leur prend tout au plus quelques heures. — Notons que la dépense du personnel du dépôt représente 39 %, celle des succursales 30 % et celle de la boulangerie 31 % de la dépense totale de l'article *Personnel*.

Les succursales sont en ce moment au nombre de huit, ouvertes trois fois par semaine, plus le dimanche matin. Elles sont chargées de livrer les denrées et marchandises ordinaires, d'enregistrer les demandes de combustible et de vins en cercles, de recevoir les déclarations des personnes qui désirent devenir les clients de la boulangerie et de délivrer à celles-ci les bons qui doivent être

____

(1) Ce chiffre est actuellement dépassé d'une façon sensible. Le dernier inventaire constate que, pour une période de 4 mois et 24 jours, les dépenses du personnel total se sont élevées à 18,057 fr. 50, soit 3,700 fr. environ par mois.

remis au distributeur en échange du pain livré. Les succursales inscrivent sur le livret du sociétaire le prix des objets demandés et adressent au dépôt, chaque jour d'ouverture, un relevé des demandes de vins en cercles et de combustible qu'elles ont reçues, la note des inscriptions pour la boulangerie, enfin un état des denrées et objets dont la succursale a besoin pour compléter son approvisionnement normal ou faire face aux demandes prévues.

Les combustibles et les vins en cercles sont expédiés directement du dépôt ; celui-ci et ses succursales sont considérés par l'administration des contributions indirectes comme débitants et assujettis à une licence. Le dépôt est de plus muni d'un registre à souche dit 64 A. pour la délivrance de congés de circulation. Le vin s'expédie au sociétaire en fûts de 24, 50, 100 litres, ou en barriques de 225 litres. Quant au combustible, le consommateur peut le prendre par très petites quantités : il lui est loisible de demander deux fagots, ou 50 kilos de bois ou bien un sac de charbon. La livraison en sera effectuée à son domicile, dans la soirée du même jour ou dans la matinée du lendemain. Le chantier de la société se trouve sur des terrains qui avoisinent l'église de Saint-Joseph, à très peu de distance, par conséquent, du siège de la société et du dépôt, aujourd'hui installés rue Deverrine, dans l'ancien atelier de décor Guérin Lézé.

Outre le siège de la société et le bureau central, ce local, qui se compose de plusieurs corps de bâtiments au pourtour d'une cour malheureusement un peu exiguë, renferme le chai des vins, le dépôt central de toutes les denrées que la société vend à ses membres, enfin l'important service de la boulangerie, d'abord établi place des Carmes — dans un local devenu au bout de peu de temps insuffisant. C'est là qu'arrivent tous les objets achetés pour la société et qu'on en prend livraison. Des communications incessantes relient le bureau central aux diverses succursales et assurent à tous les services l'unité, la régularité, la rapidité.

L'*Union* fait partie d'une fédération de sociétés de la même nature ayant une agence centrale d'achats à Paris. Toutefois elle achète directement certains objets : ainsi elle a, pour le linge, un fournisseur à Armentières ; elle s'adresse, pour les draps de vêtements, à la fédération ouvrière de Vienne (Isère) ; pour la saboterie, à une société coopérative de production de Limoges, la *Conciliation*, dont nous avons parlé plus haut ; pour la houille, à l'administration des mines de Commentry; pour le bois et les farines, elle traite avec les propriétaires et négociants au mieux des intérêts communs.

Le capital social, fixé par les derniers statuts à 130,000 francs et porté à plus de 200,000 aujourd'hui, se compose de parts de bénéfices nominatives et inaliénables de 100 francs, sur lesquelles un dixième au moins doit être versé. Toutes facilités sont données au surplus aux nouveaux membres pour ce versement qui peut s'effectuer par acomptes mensuels d'un franc. Il est même loisible au conseil d'accorder des sursis en cas de maladie ou de chômage.

Tout adhérent doit être titulaire d'une action. Il ne peut en posséder plus d'une. Il lui est interdit d'appartenir à une autre association analogue. Les statuts exigent que tout adhérent soit en même temps un participant effectif, un consommateur. A cet effet, ils disposent que chaque membre doit avoir pris pour 30 francs au moins de marchandises à la société, dans le courant du semestre. Il va sans dire que l'*Union* n'a pas de membres honoraires.

La société achète dans les meilleures conditions, à des prix sensiblement égaux à ceux que paient les commerçants, parfois à des prix exceptionnellement avantageux. Comme elle vend à ses adhérents aux prix moyens du commerce local, il doit résulter de ses opérations un bénéfice. Ce boni, après le prélèvement des frais de gestion, d'un intérêt de 3 % réservé au capital et d'une retenue de 5 % destinée à l'accroissement du fonds de réserve, est distribué en parts égales, à tous les membres de la société, mais la somme revenant à chacun est d'abord affectée à la libération de sa part d'intérêt jusqu'à complète extinction de son débit. Cette part ainsi constituée est acquise au fonds social, et le titulaire ne peut plus en disposer que dans les limites que nous allons indiquer.

Les marchandises et objets demandés par le sociétaire sont livrés contre le payement du prix au comptant. Toutefois tout coopérateur ayant versé directement ou en boni plus de 10 francs sur sa part d'intérêt, a le droit de prendre des marchandises à crédit jusqu'à concurrence de l'excédent. Notons une disposition, particulièrement intéressante, des statuts: un sociétaire peut en cautionner un autre et lui faire ouvrir un crédit sur son propre avoir.

L'*Union* n'est pas seulement une œuvre d'économie; c'est aussi une caisse d'épargne. L'avoir de chaque coopérateur se compose, outre le montant de sa part d'intérêt, des dépôts qu'il lui est loisible de faire à la société. Il peut retirer ces dépôts à volonté ; mais, une fois son action libérée, il ne saurait obtenir aucun remboursement partiel, aucune avance sur le montant de cette action. L'association ne prête à ses membres qu'en marchandises, et le crédit effectif qu'elle consent à chacun est limité, comme on l'a vu plus haut, aux neuf dixièmes de son actif social. Avant de profiter de cette faculté, le sociétaire doit s'être fait rembourser l'argent des dépôts libres inscrits à son compte.

Le montant de la part d'intérêt (à la condition que les avances en marchandises faites au coopérateur sur ses 100 francs seront remboursées à la société avant l'inventaire), et les fonds placés en dépôt à la caisse commune reçoivent, nous l'avons dit, un intérêt de 3 %. En cas de dissolution de la société, les dépôts seraient remboursés avant tout.

L'*Union*, en principe, ne fait aucun prêt d'argent à ses membres. Toutefois, le conseil d'administration peut exceptionnellement, et dans un cas grave et urgent, autoriser une avance sur le montant de la part d'intérêt. Il s'est montré jusqu'ici fort réservé à cet égard et il a fait sagement.

Chaque adhérent reçoit, à son entrée dans l'association, un numéro d'ordre ; il lui est délivré deux carnets. L'un, contenant le règlement de la société, est destiné à l'inscription des apports : part d'intérêt et dépôts, et à l'établissement, lors de chaque inventaire, de la balance de cet avoir et du débit du sociétaire : dépôts retirés ou marchandises prises à crédit et non remboursées lors de l'arrêté de l'exercice semestriel. On fait ressortir l'avoir net, qui seul est bonifié de l'intérêt de 3 %.

Le second livret, dit : *Cahier fournitures*, est destiné au détail des opérations du coopérateur avec la société. Le sociétaire inscrit de sa main, sur ce petit registre, les objets dont il a besoin, et le remet au receveur de la succursale, qui marque les prix en regard, en ayant soin de les porter soit dans la colonne : *Payé*, soit dans la colonne : *Prêté*, suivant que la marchandise est payée comptant ou qu'elle est prise à crédit. Puis les distributeurs livrent les fournitures demandées et en constatent la livraison par un signe convenu ou une estampille. Ni les distributeurs des succursales, ni les distributeurs de pain à domicile ne doivent toucher d'argent. Ces derniers reçoivent toutefois du consommateur, en échange du pain livré, des bons qui ont été délivrés au sociétaire par la succursale, dans la même forme que les autres marchandises, contre verse-ment d'espèces ou inscription du prêt sur le livret.

On comprend quels abus pourraient se produire si chacun était libre de s'adresser indistinctement et simultanément aux diverses succursales. Les sociétaires doivent donc désigner la succursale à laquelle ils feront leurs achats, et quand ils désirent s'approvi-sionner à une autre, en aviser à l'avance la société, afin que leur compte soit arrêté avec la première, avant d'être ouvert avec la seconde.

Il convient d'insister sur un détail que nous avons indiqué en passant. C'est au cours moyen du commerce local que sont vendues les marchandises aux adhérents de l'*Union*. Les lois de la concur-rence ne sont donc pas violées et, dans l'acte même de l'achat, le sociétaire ne trouve d'autre avantage que le bon choix de la mar-chandise. La mesure est aussi prudente qu'équitable. En effet, si la société vendait à des prix inférieurs à ceux du commerce local, non seulement elle exciterait, non sans quelque raison, les plaintes de ce commerce, mais elle courrait risque d'escompter trop aisément ses bonis et d'arriver en fin d'exercice à une balance peu satisfai-sante. En distribuant sous forme de bonis les bénéfices obtenus par sa gestion et en ne les distribuant qu'en fin d'exercice, elle se garde de toute surprise pénible, de tout entraînement dangereux et réserve aux aléas commerciaux et aux accidents de toutes sortes la marge qu'ils doivent avoir dans tous les calculs humains.

Si nous examinons le bilan qui est fourni au dernier compte-rendu, nous constaterons qu'au 4 mai 1890, la société avait en caisse ou en dépôt à la trésorerie générale environ 26,000 francs; il faut ajouter à cette somme près de 8,000 francs à la caisse d'épargne postale et des titres de rente dont le prix d'achat repré-sentait 20,000 francs en chiffres ronds. Les crédits consentis aux sociétaires dépassaient 52,000 francs. La valeur des marchandises en magasin (y compris celles de la boulangerie) était estimée à 83,000 francs; le matériel, déprécié de 5 %, à 22,000 francs : on y voit figurer aujourd'hui huit chevaux, quatre camions et deux voitures pour la boulangerie. L'actif, au total, s'élevait à 218,304 fr. 74 (1) et au passif figurait un boni à distribuer de 54,289 fr. 49, dont la

(1) Cet actif se trouve porté, au 28 septembre 1890, à 288,710 fr. 61 c. Dans ce chiffre, les marchandises du dépôt et des succursales figurent pour 112,837 fr. 49 c.; le matériel, pour 27,138 francs; les crédits consentis aux socié taires, pour 68,869 francs; l'encaisse et les titres pour 69,000 francs environ.

boulangerie avait produit 9,000 et les autres opérations de la société plus de 45,000 (1). Ce boni, réduit, après les prélèvements statutaires, à 49,000 francs, a été distribué entre 2,200 sociétaires qui, outre l'intérêt de leur apport social, les facilités du crédit et l'avantage d'avoir consommé des marchandises de bonne qualité, ont donc bénéficié d'une somme de 22 francs environ sur un exercice de sept mois, soit près de 40 % de leur mise sociale pour l'année.

L'avoir total des sociétaires, y compris le montant des dépôts libres, s'élevait à 128,651 fr. 46, et le fonds de réserve, constitué par le droit d'entrée de 1 franc versé par chaque adhérent et le prélèvement de 5 % sur les bonis, atteignait 15,751 fr. 14. Il a été porté, à la suite de l'inventaire, à 18,399 fr. 24 (2).

De pareils résultats se passent de commentaires; mais on est heureux de les constater, de les signaler au public et d'y applaudir.

Une autre société de même nature que l'*Union* existe à Limoges. C'est l'*Espérance*, dont le siège est dans le quartier Chinchauveau. Fondée il y a huit ou neuf ans, cette coopérative a eu quelques exercices satisfaisants et elle paraissait devoir prendre un certain développement lorsque le succès de l'*Union* a arrêté court ses progrès. Aujourd'hui elle a perdu beaucoup de ses membres et le chiffre des associés, d'environ 200 il y a trois ans, est tombé à 120. Les succursales qu'elle avait déjà établies viennent d'être supprimées. Les résultats des derniers exercices sont de moins en moins satisfaisants. On peut prévoir le jour où l'*Espérance* se fondra dans l'*Union*, et ce jour est peut-être très rapproché.

Nous n'ajouterons rien à ce rapide tableau des institutions privées de prévoyance et d'économie à Limoges. Nous eussions désiré avoir à présenter un ensemble de faits plus considérable et plus satisfaisant. Nous avons indiqué, au début de cette étude, quelques-unes des particularités qui expliquent le peu d'importance relatif de ces résultats. Tels qu'ils sont cependant, ils nous ont paru offrir un certain intérêt et renfermer des enseignements dont beaucoup de personnes sauront tirer profit.

Louis GUIBERT.

(1) Au dernier inventaire, le boni brut a été de 63,473 fr. 81 c. dont la boulangerie a donné 10,697 fr. 10 c. Le boni net ressort à 36,000 fr., dont il a été distribué 33,027 aux sociétaires : soit à chacun 13,46 pour moins de 5 mois.

2) La réserve dépasse actuellement 20,000 francs et l'avoir total des sociétaires atteint 163,818 fr. 07.

Original en couleur

NF Z 43-120-8

SOCIÉTÉ INTERNATIONALE D'ÉCONOMIE SOCIALE

La Société, fondée par Le Play, s'est constituée le 27 novembre 1856, pour remplir le vœu exprimé par l'Académie des sciences, en couronnant l'ouvrage intitulé les *Ouvriers européens*. Elle applique à l'étude comparée des diverses constitutions sociales la méthode d'observation, dite des monographies des familles. Elle reproduit les monographies les plus remarquables dans le recueil intitulé les *Ouvriers des deux mondes*, et publie le compte rendu *in extenso* de ses séances dans la *Réforme sociale*, bulletin de la Société d'économie sociale et des Unions.

La *Société d'Économie sociale* se compose de *Membres honoraires* versant une cotisation de 100 francs par an, au minimum, et de *Membres titulaires* payant 25 francs. L'un et l'autre de ces deux prix donnent droit à recevoir la *Réforme sociale*, qui est adressée à tous les Membres deux fois par mois, le 1er et le 16; et les *Ouvriers des deux mondes* qui paraissent par fascicules trimestriels.

LES UNIONS DE LA PAIX SOCIALE

Les *Unions* ont pour but de propager et de mettre en pratique les doctrines de l'*Ecole de la paix sociale*. Elle sont réparties par petits groupes en France et à l'étranger. Leur action s'exerce par l'intermédiaire de CORRESPONDANTS locaux.

Les membres sont invités à transmettre au secrétariat général les faits qu'ils ont pu observer autour d'eux, ou les renseignements qui sont parvenus à leur connaissance. Ces communications sont, suivant leur importance, mentionnées ou reproduites dans la *Réforme sociale*.

Les *Unions* se composent de membres *associés* et de membres *titulaires*. Les membres *associés* versent une cotisation annuelle de 15 francs (france et étranger) qui leur donne droit à recevoir deux fois par mois la *Réforme sociale*, bulletin de la *Société* et des *Unions*. Les *membres titulaires* concourent plus intimement aux travaux qui servent de base à la doctrine des *Unions*; ils payent, outre la cotisation annuelle, un droit d'entrée de 10 francs au moment de leur admission, et reçoivent, en retour, pour une *valeur égale* d'ouvrages choisis dans la *Bibliothèque de la paix sociale* et livrés au prix de revient.

Pour être admis dans les *Unions de la paix sociale*, il faut être présenté par un membre, ou adresser directement une demande d'admission au Secrétaire général, boulevard Saint-Germain, 174, à Paris. Les noms des membres nouvellement admis sont publiés dans la *Réforme sociale*.

LA RÉFORME SOCIALE

Bulletin de la Société d'Économie Sociale
et des Unions de la Paix Sociale.

Les personnes étrangères aux deux Sociétés peuvent s'abonner aux conditions suivantes :

FRANCE : Un an 20 fr. ; Six mois 11 fr. | EUROPE : Un an 25 fr. ; Six mois 14 fr.

Hors d'Europe : le port en sus.

Les abonnements partent du 1er de chaque mois

CHAQUE LIVRAISON : 1 FRANC

BIBLIOTHÈQUE
NATIONALE

CHÂTEAU
de
SABLÉ

1985

www.ingramcontent.com/pod-product-compliance
Lightning Source LLC
Chambersburg PA
CBHW051736050726
47598CB00003B/1212